초등학교

초등 논술

3

이 책의 구성과 특징

1 단원의 시작

- 학습 내용과 관련된 경험이나 배경지식을 점검하여 흥미를 일으킬 수 있게 하였습니다.

단원명

학습 목표

생각 열기

흥미와 동기 유발을 위한 글, 삽화, 사진

2 제재 구성

- 시, 이야기, 만화, 노래, 그림 등 다양한 형식의 읽을거리를 제공하였습니다.
- 일상에서 접하는 다양한 문제에 관심을 갖게 하였습니다.

3 학습 활동 및 평가

- 제재를 읽고 논술 능력을 키울 수 있게 학습 활동을 제시하였습니다.
- 창의성과 사고력을 향상시키는 학습 활동을 구성하였습니다.
- 학습한 내용을 스스로 정리하고 평가할 수 있습니다.

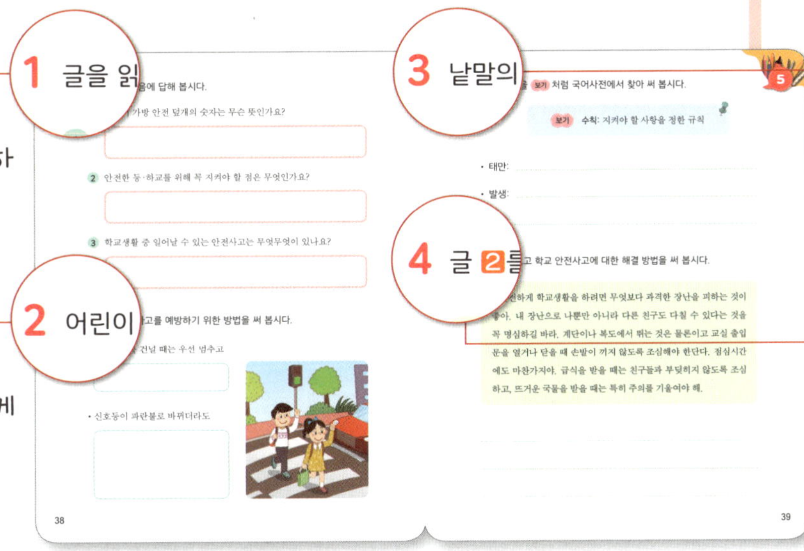

글의 내용을 잘 이해하였는지 알아봅니다.

글의 내용을 좀 더 깊게 생각할 수 있습니다.

제재 글에 나오는 중요한 낱말을 익히거나 어휘력을 기를 수 있습니다.

자기 주도 학습 및 창의성 향상을 위한 중심 활동을 제시하였습니다.

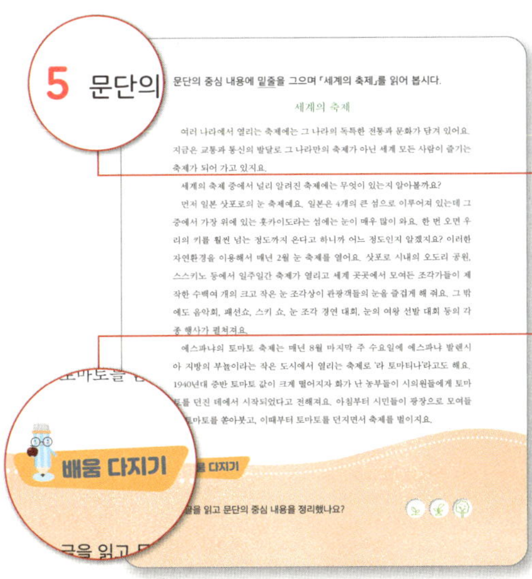

학습 활동을 통해 사고력과 핵심 역량을 강화할 수 있습니다.

단원에서 배운 내용을 스스로 평가해 봅니다.

차례

재미있는 논술의 세계로 여행을 떠나자!

여러분은 논술이 무엇이라고 생각하나요?

논술은 어떤 주제에 대한 자기 생각을 논리적으로 풀어서 적은 글입니다. 논술을 잘하면 내 생각이 분명히 드러나게 표현할 수 있습니다.

논술을 잘하는 방법에는 어떤 것이 있을까요?

첫째, 글의 내용을 잘 이해해야 합니다. 독서와 경험을 통해 지식을 쌓을수록 글의 내용을 이해하기 쉬워지고, 내 생각을 잘 떠올릴 수 있습니다.

둘째, 생각하는 힘을 키워야 합니다. 생각하는 힘은 다른 사람과 이야기를 주고받으며 키워 갈 수 있습니다.

셋째, 말하기와 글쓰기를 많이 해 보아야 합니다. 좋은 글을 보며 따라 써 보거나 다른 사람 앞에서 발표도 열심히 해야 합니다. 정확한 말과 글로 표현하면 어휘력이 확장되고, 다양한 생각을 펼칠 수 있습니다.

1 가슴이 뛰어요

◆ 이야기 속 인물의 기분을 생각해 봅시다.

그림을 보고 꿀벌이 어떤 기분일지 상상해 봅시다.

꿀벌 마야의 모험

"당신의 날개는 참 아름답군요. 제 소개를 해도 괜찮을까요? 저는 마야라고 해요. 꿀벌이지요."

마야가 말했습니다.

나비는 약간 허리를 굽히고는 간단히 이렇게만 인사했습니다.

"프리츠."

프리츠의 날개는 아무리 보아도 싫증이 나지 않았습니다.

"한번 날아 보시겠어요?"

마야가 대뜸 물었습니다.

"날아가 버리라는 건가요?"

"아, 그게 아니에요. 그저 당신의 커다랗고 하얀 날개가 파란 하늘에서 움직이는 모습을 보고 싶은 것뿐이에요. 당신은 어디 사세요?"

마야가 나비에게 물었습니다.

“일정한 거처는 없어요. 집이 있으면 돌봐야 할 일이 많아지니까요. 전에 애벌레였을 때는 온종일 양배추 잎에서 내려오지도 못한 채 거기서 먹고 다른 애벌레랑 싸우기만 했지요. 전에 나는 털북숭이 애벌레였어요.”

“그럴 리가요!”

마야가 소리쳤습니다.

“그 사실을 모르는 곤충은 없어요. 심지어 인간조차 알고 있는걸요.”

어린 마야는 정말 어리둥절했습니다.

“좀 더 자세히 얘기해 주세요. 제 기분이 어떤지 짐작하시겠죠?”

나비는 흔들리는 잔가지로 날아와 마야 옆에 앉았습니다.

나비는 애벌레였던 자신이 어느 날 실로 몸을 감기 시작해서 고치라 불리는 초라한 갈색 껍질에 싸여 아무것도 볼 수 없게 되었을 때까지의 과정을 이야기해 주었습니다.

"그런 채로 몇 주가 지난 어느 날이었어요. 나는 깊은 잠에서 깨어나 껍질을 깨뜨렸답니다. 따스한 황금빛 바닷속으로 가라앉는 기분이었지요. 그리고 내가 살아있다는 것이 너무나 기뻐서 가슴이 뛰었어요."

"그 기분 나도 이해할 수 있어요. 어두침침한 우리 도시에서 벗어나 처음으로 꽃향기 그윽한 햇빛 속으로 날아갔을 때 내 기분이 꼭 그랬거든요."

마야는 이렇게 말한 후 처음으로 집을 떠나던 때를 생각하느라 잠시 말을 잊었습니다. 하지만 다음 순간 마야는 나비의 커다란 날개가 어떻게 조그만 껍질 속에서 자랄 수 있었는지 궁금해졌습니다.

프리츠는 마야에게 친절히 설명해 주었습니다.

"날개는 꽃잎이 꽃봉오리 속에 있을 때와 마찬가지로 살며시 포개져 있답니다. 날이 밝고 따스해지면 꽃잎은 저절로 펴지잖아요. 내 날개도 마찬가지예요. 햇볕을 쪼이면 그렇게 될 수밖에 없죠."

"맞아요. 그건 사실이에요."

마야는 맞장구치며 파란 하늘을 배경으로 하얀 나비가 황금빛 아침 햇살을 받으며 앉아 있는 모습을 유심히 보았습니다.

1 「꿀벌 마야의 모험」을 읽고 물음에 답해 봅시다.

① 마야가 프리츠에게 날아 보라고 한 까닭은 무엇인가요?

② 마야가 프리츠에게서 새롭게 알게 된 사실은 무엇인가요?

③ 나비의 커다란 날개가 조그만 껍질 속에서 어떻게 자랄 수 있었나요?

2 프리츠와 마야가 어떤 기분을 느꼈는지 써 봅시다.

깊은 잠에서 깨어나 껍질을 깨고 갑자기 해님을 보았을 때의 기분은 도저히 말로 설명할 수 없죠.

어두침침한 우리 도시에서 벗어나 처음으로 꽃향기 그윽한 햇빛 속으로 날아갔을 때 내 기분이 꼭 그랬거든요.

3 밑줄 친 낱말의 뜻과 비슷한 말을 찾아 ○표를 해 봅시다.

저는 일정한 거처가 없어요. 여기저기 날아다니고 있지요.

집	직장	시간표

4 마야가 어떤 기분일지 생각해 보고 기분을 어떻게 표현했을지 써 봅시다.

곰딸기의 가느다란 새순에 나비가 앉아 있었습니다. 나비는 커다란 날개를 소리도 내지 않고 천천히 팔락이면서 햇볕을 쬐고 있었어요. 마야는 여태껏 수많은 나비를 보았지만, 지금처럼 그렇게 아름다운 모습은 본 적이 없었어요.

나비를 본 순간 나는

5 마야가 날아가며 내는 윙윙 소리를 상상하며 「왕벌의 비행」을 읽어 봅시다.

왕벌의 비행

러시아의 작곡가 림스키코르사코프의 「왕벌의 비행」이라는 곡을 들어본 적이 있나요? 이 곡은 원래 오페라 「술탄 황제의 이야기」에 등장하는 노래인데요, 왕벌로 변한 주인공 왕자가 여러 마리의 벌과 함께 악역인 백조를 공격하는 장면을 묘사한 것이라고 해요.

림스키코르사코프

「왕벌의 비행」은 처음 듣는 사람도 얼마나 높은 수준의 기술과 연습이 필요한지 바로 알 수 있을 정도로 어려운 곡이에요. 하지만 눈 깜짝할 새에 끝나버리는 이 「왕벌의 비행」은 벌의 그 작은 날갯짓을 음표로 바꾸어 내고, 음악으로 표현해 냈다는 데 더 큰 의미가 있는 것 같아요.

쉴 새 없이 몰아치는 음 속에서 어떤 때는 경쾌하게, 또 어떤 때는 강렬하게 날아다니는 왕벌을 떠올리게 해 주는 음악 「왕벌의 비행」. 눈을 감고 이 음악을 들어보세요. 그럼 아마 귓가를 윙윙거리는 왕벌 떼를 만날 수 있을 거예요.

배움 다지기

- 이야기 속 인물의 기분을 생각하고, 기분을 표현하는 말을 썼나요?

2 나라마다 다른 문화

◆ 글을 읽고 문단의 중심 내용을 정리해 봅시다.

미국 사람들이 인사로 악수를 하게 된 유래를 살펴봅시다.

세계와 반갑다고 안녕

우리는 날마다 인사를 해. 손을 흔들기도 하고, 가볍게 고개를 숙이기도 하지. 그런데 인사는 나라마다 지역마다 조금씩 달라.

우리나라 사람들은 허리를 구부리며 "안녕하세요?" 하고 인사해. 안녕은 아무 탈 없이 편안하다는 뜻인데 "밤새 아무 탈 없이 편안하셨어요?"라고 물었던 것에서 유래된 거야. 옛날에는 외적이 자주 쳐들어오고, 먹을 것도 부족해서 밤사이 나쁜 일을 당하는 사람이 많았거든. 그러니 밤새 안녕했는지 궁금했던 거야.

티베트 사람들은 혀를 쏙 내밀며 인사해. 인사하는 방법이 참 독특하지? 티베트 사람들이 인사할 때 혀를 내미는 것은 '난 악마가 아니야.'라는 뜻이야. 옛날에 아주 못된 악마가 있었는데, 머리에 뿔이 있고 혀가 없었대. 그러니 혀를 내밀어 악마가 아니라는 것을 증명하는 셈이지.

이슬람교를 믿는 사우디아라비아 사람들은 오른손을 심장이 있는 왼쪽 가슴에 갖다 대면서 "앗살람 알라이쿰."이라고 인사해. 이 말은 '당신에게 신의 평화가 함께 하기를'이라는 뜻이야. 이슬람교를 믿는 사람들이 모두 "앗살람 알라이쿰."이라고 인사하는 것은 코란에 이렇게 하라고 적혀 있기 때문이야. 코란은 이슬람교의 가르침을 적어 놓은 경전이야. 기독교의 성경, 불교의 불경 같은 것이지.

아르헨티나 인사처럼 다정한 인사도 없을 거야. 서로 안고 볼에 뽀뽀한 뒤 어깨를 토닥토닥 두드리며 인사하거든. 실제로 뽀뽀를 하는 것은 아니고 얼굴을 맞대고 '쪽' 하고 소리만 내는 거야. 아르헨티나에서는 왜 이렇게 다정하게 인사할까? 아르헨티나 사람들은 가까운 사이일수록 몸이 서로 맞닿은 걸 중요하다고 생각해. 그래서 인사할 때도 서로 껴안고 뽀뽀하는 거야.

너무 추워서 몸이 달달 떨리는 북극에 사는 이누이트족은 서로 코를 비비며 인사해. 왜 이렇게 인사하냐고? 모든 것에 영혼이 있다고 믿기 때문이야. 이누이트족은 나무, 풀, 바위 등 모든 것에 영혼이 있다고 믿으며 살아가. 사람의 영혼은 숨결에 있다고 믿지. 그래서 서로 코를 비비는 거야. 코를 비비다 보면 숨결을 나눌 수 있고 그러면 서로의 영혼이 만나게 되니까.

하와이 사람들은 엄지와 새끼손가락을 세우고 흔들면서 "알로하!" 하고 인사해. 알로하와 함께 하는 손짓 인사를 '샤카'라고 하는데 여기에는 전해 오는 이야기가 있어. 옛날 사탕수수밭에서 일하던 직원이 실수로 손가락 세 개를 잃었어. 그래도 그 직원은 사람들을 만나면 늘 손을 들어 반갑게 인사했어. 그

후로 다른 사람들도 그 직원과 똑같은 손짓으로 인사를 나눴대. 알로하라는 인사말에는 '안녕'이라는 뜻 말고도 친절, 부드러움, 기쁨, 참을성 등 여러 가지 뜻이 담겨 있어.

인사가 참 다양하지? 인사하는 방법이 우리와 다르다고 이상하게 생각하거나 막연히 싫어하면 안 돼. 있는 그대로 인정하고 존중해 줘야 하는 거야. 그게 그 나라의 문화니까 말이야. 또 인사하는 방법은 달라도 그 안에는 모두 반가움, 존경과 배려, 사랑, 신의 축복, 나눔 같은 소중한 가치가 담겨 있어. 그래서 인사만 주고받아도 상대의 마음을 얻을 수 있고 서로 친하게 지낼 수 있어.

오늘부터 만나는 모든 사람에게 인사를 건네 볼까?

1 「세계와 반갑다고 안녕」을 읽고 물음에 답해 봅시다.

① "안녕하세요?"라는 인사말에 담긴 뜻은 무엇인가요?

② 아르헨티나 사람들의 인사 방법은 무엇인가요?

③ 나라마다 다른 인사에 공통으로 담긴 뜻은 무엇인가요?

2 나라마다 다른 인사 방법을 대하는 바람직한 태도는 무엇인지 써 봅시다.

3 빈칸에 들어갈 낱말을 글에서 찾아 써 봅시다.

[ ] : 종교의 이론을 적은 책

4 문단의 중심 내용을 보기 와 같이 정리해 봅시다.

보기

티베트 사람들은 혀를 쏙 내밀며 인사해. 인사하는 방법이 참 독특하지? 티베트 사람들이 인사할 때 혀를 내미는 것은 '난 악마가 아니야.'라는 뜻이야. 옛날에 아주 못된 악마가 있었는데, 머리에 뿔이 있고 혀가 없었대. 그러니 혀를 내밀어 악마가 아니라는 걸 증명하는 셈이지.

- 인사법 혀를 내밀며 인사한다.
- 담긴 뜻 나는 악마가 아니다.

하와이 사람들은 엄지와 새끼손가락을 세우고 흔들면서 "알로하!" 하고 인사해. 알로하와 함께 하는 손짓 인사를 '샤카'라고 하는데 여기에는 전해 오는 이야기가 있어. 옛날 사탕수수밭에서 일하던 직원이 사고로 손가락 세 개를 잃었어. 그래도 그 직원은 사람들을 만나면 늘 손을 들어 반갑게 인사했어. 그 후로 다른 사람들도 그 직원과 똑같은 손짓으로 인사를 나눴대. 알로하라는 인사말에는 '안녕'이라는 뜻 말고도 친절, 부드러움, 기쁨, 참을성 등 여러 가지 뜻이 담겨 있어.

- 인사법
- 담긴 뜻

5 문단의 중심 내용에 밑줄을 그으며 「세계의 축제」를 읽어 봅시다.

세계의 축제

여러 나라에서 열리는 축제에는 그 나라의 독특한 전통과 문화가 담겨 있어요. 지금은 교통과 통신의 발달로 그 나라만의 축제가 아닌 세계 모든 사람이 즐기는 축제가 되어 가고 있지요.

세계의 축제 중에서 널리 알려진 축제에는 무엇이 있는지 알아볼까요?

먼저 일본 삿포로의 눈 축제예요. 일본은 4개의 큰 섬으로 이루어져 있는데 그 중에서 가장 위에 있는 홋카이도라는 섬에는 눈이 매우 많이 와요. 한 번 오면 우리의 키를 훨씬 넘는 정도까지 온다고 하니까 어느 정도인지 알겠지요? 이러한 자연환경을 이용해서 매년 2월 눈 축제를 열어요. 삿포로 시내의 오도리 공원, 스스키노 등에서 일주일간 축제가 열리고 세계 곳곳에서 모여든 조각가들이 제작한 수백여 개의 크고 작은 눈 조각상이 관광객들의 눈을 즐겁게 해 줘요. 그 밖에도 음악회, 패션쇼, 스키 쇼, 눈 조각 경연 대회, 눈의 여왕 선발 대회 등의 각종 행사가 펼쳐져요.

에스파냐의 토마토 축제는 매년 8월 마지막 주 수요일에 에스파냐 발렌시아 지방의 부뇰이라는 작은 도시에서 열리는 축제로 '라 토마티나'라고도 해요. 1940년대 중반 토마토 값이 크게 떨어지자 화가 난 농부들이 시의원들에게 토마토를 던진 데에서 시작되었다고 전해져요. 아침부터 시민들이 광장으로 모여들면 토마토를 쏟아붓고, 이때부터 토마토를 던지면서 축제를 벌이지요.

배움 다지기

- 글을 읽고 문단의 중심 내용을 정리했나요?

3 같은 내용, 다른 표현

◆ 시에서 말하는 이가 겪은 일을 글로 써 봅시다.

시를 읽고 시에서 말하는 이가 무엇을 하는지 떠올려 봅시다.

가위바위보

난, 난 울 엄마가
제일이라고
순이는 제 엄마가
제일이라고.

난, 난 순이 엄마가
다음 간다고
순이는 울 엄마가
다음 간다고.

서로들 우기다가
가위, 바위, 보.

뉘● 엄마가 젤● 좋은가
가위, 바위, 보.

● 뉘: 누구 ● 젤: 제일

번데기와 달팽이

아침마다 나는
홑이불을 똘똘 말고
번데기가 된다.

엄마가
이불을 힘껏 잡아당기면
웅크린 알몸만 남는다.

"어서 일어나
껍질 훌훌 벗고
나비가 되어야지."

"나, 번데기 아니야.
달팽이란 말이야.
빨리 내 집 돌려줘."

흔들리는 마음

공부를 않고
놀기만 한다고
아버지한테 혼이 났다.

잠을 자려는데
아버지가 슬그머니
문을 열고 들어왔다.

자는 척
눈을 감고 있으니
아버지가
내 눈물을 닦아 주었다.

미워서
말도 안 하려고 했는데
맘이 자꾸만 흔들렸다.

1 「번데기와 달팽이」와 「흔들리는 마음」을 읽고 물음에 답해 봅시다.

① "빨리 내 집 돌려줘."라고 말한 뜻은 무엇일까요?

② 아빠가 문을 열고 들어온 까닭은 무엇일까요?

2 「번데기와 달팽이」와 「흔들리는 마음」에서 말하는 이가 겪은 일은 무엇인지 써 봅시다.

번데기와 달팽이

흔들리는 마음

3 낱말의 뜻을 읽고 빈칸에 들어갈 낱말을 써 봅시다.

보기

껍질: 딱딱하지 않은 물체의 겉을 싸고 있는 물질

껍데기: 겉을 싸고 있는 단단한 물질

- 바닷가에서 조개 [   ] 를 주워 목걸이를 만들었다.
- 귤 [   ] 을 삶은 물을 마시면 감기를 예방할 수 있다.

4 「번데기와 달팽이」와 「흔들리는 마음」 중에서 하나를 골라 시에서 말하는 이가 겪은 일을 일기로 써 봅시다.

20 년 월 일 요일	날씨	

5 글을 읽고 '내'가 겪은 일을 시로 나타내어 봅시다.

운동회 날이다.

오전 첫 순서로 달리기를 하였다. 올해는 꼭 3등 안에 들어서 공책을 받고 싶었다. 몇 줄이 뛰어나가고 드디어 내가 달릴 차례가 되었다. 가슴 속에서 누군가가 방망이질을 하는 것 같았다.

선생님께서 깃발을 올리시자마자 나는 있는 힘을 다해 뛰었다.

그러나 결과는 4등이었다. 4등은 꼴찌나 마찬가지이다. 힘이 쭉 빠졌다.

천천히 엄마 얼굴이나 보면서 뛰어갈 걸 그랬나 보다.

배움 다지기

- 시에서 말하는 이가 겪은 일을 파악해 글로 썼나요?

4 옛이야기에 담긴 생각

◆ 옛이야기에 담긴 생각을 파악해 봅시다.

내가 아는 옛이야기는 무엇이 있는지 써 봅시다.

냄새 값, 소리 값

옛날 옛적 어느 마을에 욕심 많은 부자 영감이 살았어.

이 영감이 얼마나 욕심쟁이였는고 하니, 옆집 닭도 담 넘어 들어오면 제 닭, 남의 물건도 제 손에 있으면 제 물건, 집에 들어온 것은 죄다 자기 것이었지. 부자 영감은 남들이 자기 집 대문 앞에서 숨을 크게 쉬는 것도 싫어했어. 제 집 앞 공기가 줄어들면 어쩌나 걱정돼서 말이야.

배가 고픈 마을 사람들은 부자 영감네 집에서 솔솔 풍겨 나오는 음식 냄새에 코를 벌름거렸어. 사람들은 담벼락에 달라붙어 꼴깍꼴깍 침을 삼켰어. 그 모습을 본 부자 영감은 눈살을 잔뜩 찌푸렸어.

"감히 내 집에서 나는 냄새를 공짜로 맡고 있네. 그럴 순 없지."

부자 영감은 심술궂게 볼을 실룩이더니 대문을 박차고 밖으로 나왔어.

"네 이놈들, 냄새를 맡았으면 값을 치르고 가야지."

"냄새 맡은 값이라니요?"

"이 생선은 내가 직접 장에 나가 고르고 또 골라서 열 냥이나 주고 사 온 거다. 그러니 냄새 값으로 다섯 냥을 내놓아라!"

"당장 쌀 한 톨 살 돈도 없는데 무슨 수로 냄새 값을 마련한단 말인가?"

"그 돈을 내놓지 않으면 저 고약한 영감이 진짜 우리를 원님에게 고발할지도 몰라요."

사람들은 둘러앉아 여러 방법을 궁리했지만 뾰족한 수가 없어 한숨만 푹푹 내쉬고 있었어. 그때 마침 한 노인의 아들이 나무를 하고 내려오다가 그 모습을 보게 되었지. 노인은 아들에게 사정을 이야기해 주었어.

며칠 뒤, 노인의 아들이 부자 영감을 찾아갔어. 부자 영감은 쏜살같이 문을 열고 나왔어.

"그래, 냄새 값을 가져왔다고?"

그러자 아들은 돈이 든 주머니를 높이 들더니 짤랑짤랑 소리를 내며 흔드는 거야.

"예끼! 돈을 가져왔으면 냉큼 내놓을 일이지. 지금 나를 놀리는 게냐?"

부자 영감은 화가 나서 노인과 아들을 원님에게 데려갔어.

"저는 냄새 값을 받은 적이 없습니다."

부자 영감이 억울한 표정으로 원님을 바라보았어.

"원님, 영감님은 마을 사람들이 생선 냄새를 맡았다고 냄새 값을 내라고 하셨습니다. 그렇다면 동전 소리도 값을 매길 수 있는 게 아니겠습니까? 저는 영감님께 동전 소리를 들려 드렸습니다. 냄새 값을 소리 값으로 낸 것이지요."

아들의 말에 원님은 무릎을 쳤어.

"옳거니! 네 말이 맞다! 영감은 들어라. 네가 괜한 일로 나를 찾아와 소란을 피우고, 아무 잘못도 없는 사람들을 괴롭혔으니 그 죗값으로 쌀 스무 가마를 내놓아라."

1 「냄새 값, 소리 값」을 읽고 물음에 답해 봅시다.

1 부자 영감이 자기 집 대문 앞에서 사람들이 숨 쉬는 것을 싫어한 까닭은 무엇인가요?

2 부자 영감이 사람들에게 달라고 한 것은 무엇인가요?

3 노인의 아들은 어떤 방법으로 아버지의 걱정을 해결했나요?

2 부자 영감과 아들의 성격은 어떤지 써 봅시다.

부자 영감의 성격

아들의 성격

3 ‘쏜살같이’를 넣어 짧은 글을 써 봅시다.

쏜살같다.

쏘아 놓은 화살처럼 매우 빠르다.

4 「냄새 값, 소리 값」에 담긴 생각을 써 봅시다.

5 다음 옛이야기에 담긴 생각을 바탕으로 제목을 붙여 봅시다.

옛날, 어느 고을에 사또가 있었습니다. 사또는 무엇이든지 자기가 하고 싶은 대로 하였습니다. 사또 때문에 고생을 많이 하는 사람은 이방•이었습니다. 이방은 사또가 무슨 엉뚱한 일을 시킬지 몰라 늘 걱정을 하였습니다.

찬 바람이 부는 겨울날, 사또는 갑자기 산딸기를 먹고 싶었습니다.

“여봐라, 당장 산딸기를 따 오너라. 지금 당장 산딸기를 따 오지 않으면 큰 벌을 내리겠다!”

사또의 명령을 들은 이방은 걱정하다가 그만 병이 나서 자리에 눕고 말았습니다. 겨울에 산딸기가 있을 리 없기 때문입니다.

이방에게는 아들이 하나 있었습니다. 아들은 아버지께 무슨 걱정이 있느냐고 여쭈어보았습니다. 이방은 사또의 이야기를 들려주었습니다.

"산딸기를 따 오지 않으면 벌을 내린다고 하니 어찌하면 좋겠느냐?"

아들은 한참 동안 생각한 뒤에 이방의 손을 꼭 잡고 말하였습니다.

"너무 걱정하지 마십시오. 제가 다녀오겠습니다."

이방의 아들은 그 길로 사또를 찾아갔습니다.

"아버지께서 앓아누워 계셔서 제가 대신 왔습니다."

"이방이 아프다고? 음, 꾀병을 부리는구나. 네 아비에게 큰 벌을 내리겠다."

이방의 아들은 겁먹지 않고 차분하게 말하였습니다.

"아닙니다. 아버지께서는 산딸기를 따러 가셨다가 독사한테 물리셨습니다. 그래서 산딸기를 따 오지 못하셨습니다."

"이 녀석! 한겨울에 독사가 어디 있단 말이냐?"

사또가 어이없다는 듯이 꾸짖었습니다.

"사또님 말씀이 옳습니다. 겨울에는 독사가 없지요. 마찬가지로 산딸기도 없습니다."

사또는 얼굴을 붉히며 아무 말도 못 하였습니다.

- **이방**: 사또를 도와 고을의 살림살이를 맡은 관리

배움 다지기

- 옛이야기에 담긴 생각을 파악했나요?

5 우리는 안전 지킴이

◆ 문제를 파악하고 해결 방법을 찾아봅시다.

어린이 안전사고에는 무엇이 있는지 생각해 봅시다.

어린이 안전사고 발생 건수

보행자 안전사고

화상 사고

학교 안전사고

?

○○ 신문

오늘의 뉴스 20○○년 ○○월 ○○일 ○요일

1 어린이 보행 중 교통 사망 사고 10건 중 8건, 집 근처에서 발생

보행 중 교통사고로 사망한 어린이 10명 중 8명은 집 근처에서 사고를 당한 것으로 조사됐다.

한국 교통 연구원에 따르면, 2017년 전국에서 보행 중 교통사고를 당해 목숨을 잃은 어린이는 총 35명이다. 이 가운데 27명이 주거 지역에서 사고를 당했다. 상점이 밀집한 상업 지역이 4명으로 뒤를 이었다.

주거 지역에서 발생한 어린이 사망 사고의 주요 원인은 운전자의 안전 운전 불이행이다. 총 17명의 목숨을 앗아 갔다. 안전 운전 불이행이란 운전자가 정확하고 올바른 운전을 하지 않은 경우를 말한다. 졸음운전 등에 의한 전방 주시 태만, 속도 제한 위반과 같은 난폭 운전 등을 포함한다. 이어 보행자 보호 의무 위반(3명), 신호 위반(1명) 등으로 나타났다.

'가방 안전 덮개'는 스쿨 존 내 제한 속도인 '30'을 큼지막하게 표시해 운전자가 볼 수 있도록 한다.

국가 교통 안전 연구 센터는 "현재 우리나라는 주거 지역에 대한 속도 제한 규정이 없다. 일부 유럽 국가처럼 주거 지역에서는 차량 속도를 시속 30㎞ 이하로 낮추는 규정 마련이 필요하다."고 말했다.

2 여러분 안녕? 난 오늘 너희에게 안전한 학교생활은 어떻게 하면 되는지를 알려 주려고 이렇게 찾아왔단다.

먼저 교통안전이야. 어린이 교통사고의 대부분은 학교 주변 어린이 보호구역에서 많이 일어나. 또 어린이 교통사고가 많이 발생한 때는 하교 시간대인 오후 2시부터 4시였어. 특히 보행 사고자 중 초등학교 1, 2학년의 비율이 높았단다. 학교에 들어온 지 얼마 지나지 않아 주변 길을 잘 알지 못했기 때문이지.

그럼 안전하게 등·하교하려면 어떻게 해야 할까? 가장 기본이 되는 건 '신호등 지키기'야. 신호등이 녹색으로 바뀌더라도 반드시 좌우를 살피고 건너야 해. 무단횡단은 절대 해서는 안 된단다.

그리고 안전하게 학교생활을 하려면 무엇보다 과격한 장난을 피하는 것이 좋아. 내 장난으로 나뿐만 아니라 다른 친구도 다칠 수 있다는 것을 꼭 명심하길 바라. 계단이나 복도에서 뛰는 것은 물론이고 교실 출입문을 열거나 닫을 때 손발이 끼지 않도록 조심해야 한단다. 점심시간에도 마찬가지야. 급식을 받을 때는 친구들과 부딪히지 않도록 조심하고, 뜨거운 국물을 받을 때는 특히 주의를 기울여야 해.

이렇게 해 보세요!

- 같은 동네 친구나 또래와 함께 등·하교하세요.
- 횡단보도를 건널 때는 우선 멈추고 운전자와 눈을 맞추세요.
- 차 안에서는 장난치지 않고 차가 완전히 멈췄을 때 자리에서 일어나세요.
- 차에서 내려서는 차가 떠난 후에 길을 건너야 해요.
- 신호등이 파란불로 바뀌더라도 반드시 좌우를 살피고 건너세요.

1 글을 읽고 물음에 답해 봅시다.

1. 어린이 가방 안전 덮개의 숫자는 무슨 뜻인가요?

2. 안전한 등·하교를 위해 꼭 지켜야 할 점은 무엇인가요?

3. 학교생활 중 일어날 수 있는 안전사고는 무엇무엇이 있나요?

2 어린이 교통사고를 예방하기 위한 방법을 써 봅시다.

• 횡단보도를 건널 때는 우선 멈추고

• 신호등이 파란불로 바뀌더라도

3 낱말의 뜻을 보기 처럼 국어사전에서 찾아 써 봅시다.

보기 수칙: 지켜야 할 사항을 정한 규칙

- 태만:
- 발생:
- 명심:

4 글 2를 읽고 학교 안전사고에 대한 해결 방법을 써 봅시다.

안전하게 학교생활을 하려면 무엇보다 과격한 장난을 피하는 것이 좋아. 내 장난으로 나뿐만 아니라 다른 친구도 다칠 수 있다는 것을 꼭 명심하길 바라. 계단이나 복도에서 뛰는 것은 물론이고 교실 출입문을 열거나 닫을 때 손발이 끼지 않도록 조심해야 한단다. 점심시간에도 마찬가지야. 급식을 받을 때는 친구들과 부딪히지 않도록 조심하고, 뜨거운 국물을 받을 때는 특히 주의를 기울여야 해.

5 문제의 해결 방법을 생각하며 「거인들이 사는 나라」를 읽어 봅시다.

거인들이 사는 나라

단 하루만이라도 어른들을 거인국으로 보내자.
그곳에 있는 것들은 모두 어마어마하게 크겠지.
거인들 틈에 끼이면 어른들은 우리보다 더 작아 보일 거야.
찻길을 가로지르는 횡단보도는 얼마나 길까?
아마 100미터도 넘을 텐데
신호등의 파란불은 10초 동안만 켜지겠지.
거인들은 성큼성큼 앞질러 건너가고
어른들은 종종걸음으로 뒤따를 텐데…….
글쎄, 온 힘을 다해 뛰어도
배가 불뚝한 어른들은 찻길을 다 건널 수 없을 걸.
절반도 채 건너기 전에 빨간불로 바뀌어
길 한복판에 갇히고 말 거야.
뭘 꾸물거리냐고 차들은 빵빵거리고
교통순경은 삑삑 호루라기를 불어 대겠지.
이마에 흐르는 땀을 훔쳐 내며 어른들은 쩔쩔맬 거야.
그때, 어른들은 무슨 생각을 하게 될까?

배움 다지기

- 문제를 파악하고 적절한 해결 방법을 썼나요?

6 모험의 세계로

◆ 이야기를 읽고 이어질 내용을 상상해 봅시다.

장면을 보고 어떤 이야기가 펼쳐질지 상상해 봅시다.

오즈의 마법사

도로시는 캔자스주의 농장에서 삼촌과 숙모, 강아지 토토와 함께 살고 있었습니다. 그런데 어느 날, 거대한 회오리바람이 불어닥쳐 통나무집을 통째로 날려버렸습니다. 도로시와 토토는 빙글빙글 하늘을 날아 신비한 세계로 떨어졌습니다.

"오즈의 나라에 온 걸 환영해! 나는 북쪽 마녀란다. 못된 동쪽 마녀를 없애 줘서 고마워."

북쪽 마녀는 오즈의 나라 동쪽과 서쪽에 나쁜 마녀가 살고 있다고 했습니다. 그런데 통나무집이 떨어지는 바람에 그중 한 명인 동쪽 마녀가 사라졌다고 했습니다. 또 남쪽과 북쪽에는 착한 마녀가 산다고 알려 주었습니다.

도로시는 남을 도운 것이 기뻤지만 빨리 집에 가고 싶었습니다.

"북쪽 마녀님, 캔자스로 가려면 어떻게 해야 하나요?"

“나는 캔자스가 어디에 있는지 모르겠구나. 처음 들어보는 이름이야.”

“그곳엔 삼촌과 숙모가 살고 있어요. 제가 살던 곳이고요.”

“에메랄드성에 사는 마법사 오즈를 찾아가 보렴. 오즈가 너를 도와줄 거야.”

북쪽 마녀는 동쪽 마녀의 은구두를 벗겨 도로시에게 주며 덧붙였습니다.

“에메랄드성으로 가는 길은 노란 벽돌로 되어 있어. 그 길만 따라가.”

도로시는 은구두를 신고 노란 벽돌을 따라 에메랄드성을 향해 갔습니다.

옥수수 밭에서 만난 허수아비가 도로시에게 물었습니다.

“안녕, 넌 누구니? 어디 가는 거야?”

“난 도로시야. 마법사 오즈를 만나러 가. 마법사에게 집으로 돌아가게 해 달라고 부탁할 거야.”

“나도 데려가 줘. 마법사에게 똑똑한 뇌를 달라고 할래. 내 머릿속에는 지푸라기만 가득하거든.”

도로시는 허수아비와 함께 길을 떠났습니다.

얼마 뒤, 도로시와 허수아비는 숲속에서 양철 나무꾼을 만났습니다. 양철 나무꾼은 온몸이 녹슬어 움직이지 못했습니다. 도로시가 안타까워하며 양철 나무꾼의 몸에 기름칠을 해 주었습니다.

"도로시, 나도 같이 가자! 나도 너처럼 따뜻한 심장을 갖고 싶어."

양철 나무꾼이 도끼를 메고 앞장섰습니다. 그때, 사자가 나타나 토토를 물려고 했습니다.

"사자야, 못된 짓 하지 마!"

도로시가 사자의 콧등을 살짝 때렸습니다. 그러자 사자가 엉엉 울었습니다.

"나도 진짜 사자답게 용감해지고 싶어. 마법사 오즈를 만나면 용기를 얻을 수 있겠지?"

도로시는 허수아비, 양철 나무꾼, 사자와 함께 에메랄드성을 향해 갔습니다. 얼마 뒤, 도로시와 친구들 앞에 깊은 골짜기가 나타났습니다. 모두 발을 동동 구르며 어쩔 줄 몰라 했습니다. 그때 허수아비가 좋은 생각을 해 냈습니다.

"양철 나무꾼아, 네 도끼로 키 큰 나무를 찍어서 다리를 만들자!"

양철 나무꾼은 금세 나무를 쓰러뜨리더니 뚝딱뚝딱 다리를 만들었습니다. 도로시와 친구들이 막 외나무다리를 건너려고 할 때였습니다. 괴물 칼리다가 으르렁거리며 다가왔습니다.

"얘들아, 어서 다리를 건너! 내가 저 괴물을 막을게."

사자가 용감하게 칼리다와 맞서 싸웠습니다. 그러고는 다리가 끊어지기 전에 재빨리 다리를 건넜습니다. 괴물은 골짜기로 떨어지고 말았습니다. 마침내 도로시와 친구들은 에메랄드성에 도착했습니다.

"우리는 마법사 오즈를 만나러 왔어요. 마법사님은 어디에 계시나요?"

"내가 위대하고 무서운 마법사 오즈다. 왜 나를 찾는 거냐?"

도로시와 친구들이 차례차례 소원을 말했습니다. 그러자 오즈가 대답했습니다.

"좋아, 소원을 들어주지! 하지만 먼저 못된 서쪽 마녀를 없애고 오너라."

1 「오즈의 마법사」를 읽고 물음에 답해 봅시다.

① 도로시가 에메랄드성으로 간 까닭은 무엇인가요?

② 도로시가 만난 인물은 누구누구인가요?

③ 도로시와 친구들이 소원을 이루기 위해서 먼저 해야 할 일은 무엇인가요?

2 도로시와 친구들이 무슨 소원을 말했을지 써 봅시다.

3 빈칸에 들어갈 알맞은 낱말을 보기 에서 찾아 써 봅시다.

보기 신기한 신비한

- 도로시는 [ ] 모험의 세계를 여행하였습니다.
- 마술사가 [ ] 마술을 보여 주었습니다.

4 「오즈의 마법사」에 이어질 이야기를 상상해 써 봅시다.

5 「걸리버 여행기」를 읽고 걸리버가 어떤 행동을 할지 상상해 봅시다.

걸리버 여행기

나는 처음으로 소인국의 왕을 만났다. 왕이 직접 말을 몰고 달려왔는데, 나를 본 말이 깜짝 놀라 갑자기 뒷발로 일어서는 바람에 말에서 떨어질 뻔하였다. 말에서 내린 왕은 한참을 요모조모 살피더니 미리 대기하던 신하와 요리사를 불렀다.

잠시 뒤에 음식을 실은 수레가 왔다. 서른 대의 수레에 음식을 싣고 왔지만 나는 눈 깜짝할 사이에 모든 음식을 먹어 치웠다. 나는 왕과 이야기를 나누고 싶었지만 말을 알아들을 수 없어 답답하기만 하였다.

왕과 일행은 나를 지키는 병정 몇 명만을 남겨 두고 궁전으로 돌아갔다. 왕이 돌아가자 사람들이 몰려들었다. 대부분 얌전히 구경했지만 간혹 나에게 돌을 던지거나 화살을 쏘는 사람도 있었다. 그중 한 사람이 쏜 화살이 나의 왼쪽 눈을 향해 날아왔다. 난 재빨리 얼굴을 돌려 화살을 피했다. 이를 본 병정 한 명이 깜짝 놀라 그 사람을 붙잡아 내게로 끌고 와서 나에게 뭐라고 했다. 혼을 내주라는 뜻인 것 같아 나는 그 사람을 번쩍 들고 빤히 쳐다보았다. 구경꾼들은 내가 그 사람을 어떻게 할 것인가 호기심 어린 눈으로 지켜보고 있었다. 나는 속으로 웃음이 나왔지만 그냥 웃어 넘어가서도 안 되겠다는 생각이 들었다.

'그래, 이 기회에 단단히 혼을 내 주자.'

배움 다지기

- 이야기를 읽고 이어질 내용을 상상했나요?

7 재치 있는 말

◆ 인물이 한 말의 의도를 짐작해 봅시다.

그림을 보고 도련님이 무슨 말을 했을지 생각해 봅시다.

닭을 빌려 타고 가지

김 선비는 농담을 참 좋아하는 사람이었습니다. 김 선비에게는 매우 친한 친구가 한 명 있었는데 멀리 살고 있어 자주 보지 못했습니다.

어느 날, 김 선비는 멀리 사는 친구가 보고 싶어 말을 타고 찾아갔습니다.

"그동안 잘 지냈나? 자네가 보고 싶어 말을 바삐 달려 찾아왔다네!"

"여보게, 어쩐 일인가? 이리 반가울 수가!"

친구는 김 선비를 방으로 데리고 가서 이런저런 이야기를 나누었습니다. 김 선비는 그동안 하고 싶었던 농담을 실컷 풀어놓았습니다. 친구는 그런 김 선비의 농담을 들으며 큰 소리로 웃었습니다.

서로 신나게 떠드는 사이 밥상이 들어왔습니다.

그런데 밥상에는 나물 반찬만 있었습니다. 친구가 김 선비의 표정을 힐끗 쳐다보더니 이렇게 말했습니다.

"미안하네. 내 살림살이가 가난하고 시장은 멀어 나물 반찬만 차렸네."

그때 닭들이 마당 여기저기에서 모이를 쪼고 있었습니다. 김 선비는 괜찮다는 듯 큰 소리로 말했습니다.

"괜찮네! 선비는 천금을 아끼지 않는다고 했으니 내가 타고 온 말을 잡아 고기반찬을 만들면 되네."

그 말을 들은 친구가 깜짝 놀라 말했습니다.

"아니. 말을 잡으면 돌아갈 때 무엇을 타고 가려고?"

"저 마당에 있는 닭을 빌려 타고 가지."

김 선비의 말을 들은 친구는 크게 웃으며 닭을 잡아 김 선비에게 대접했습니다.

7

내 집 문짝도 넘어지려 한다

옛날 어느 마을에 사또가 있었습니다. 사또에게는 아내가 있었는데 성격이 몹시 사나웠습니다. 사또는 아내에게 꼼짝도 못 하고 살았습니다.

어느 날, 마을의 한 노인이 사또에게 찾아와 화난 목소리로 말하였습니다.

"사또, 이럴 수가 있습니까? 우리 마을 대장장이 아내의 성질이 못되기가 둘째가면 서러워한다는데, 글쎄 남편의 얼굴에 상처를 냈습니다! 당장 데려다 벌을 주시지요."

이 말을 들은 사또는 자기 또한 비슷한 처지라 대장장이의 아내에게 화풀이를 하고 싶어졌습니다.

"여봐라. 대장장이와 아내를 당장 데리고 오너라!"

대장장이와 아내는 사또 앞에 불려 왔고, 이 광경을 보려고 마을 사람들이 몰려들었습니다.

"아내는 남편을 하늘처럼 여기고 살아야 하거늘 어찌 이런 잘못을 저질렀느냐?"

아내의 눈치를 살피던 대장장이가 손사래를 치며 사또에게 말하였습니다.

"사또, 아닙니다. 제 얼굴의 상처는 아내가 그런 것이 아니라 우리 집 문짝이 넘어져서 긁힌 것입니다."

"뭐라고? 그 말이 거짓이면 너에게도 벌을 내리겠다!"

이때 갑자기 사또의 아내가 몽둥이를 들고 나타나 씩씩거리며 말했습니다.

"여보! 우리 마을에 도둑도 있고, 남의 돈 떼어먹은 사람도 있다고 하는데 할 일이 없어서 남의 집 일에 간섭이나 하오?"

아내를 본 사또는 고양이를 본 쥐처럼 벌벌 떨며 말했습니다.

"내 집 문짝도 곧 넘어지려 하니 모두 빨리 돌아가시오."

1 글을 읽고 물음에 답해 봅시다.

① 김 선비가 멀리 사는 친구를 찾아간 까닭은 무엇인가요?

② 점심 밥상을 본 김 선비는 어떤 기분이 들었을까요?

③ 사또가 대장장이 부부를 데리고 온 까닭은 무엇인가요?

2 김 선비와 사또가 다음과 같이 말한 의도가 무엇인지 써 봅시다.

저 마당에 있는 닭을 빌려 타고 가지.

내 집 문짝도 넘어지려 하니 모두 빨리 돌아가시오.

3 글을 읽고 마크 트웨인이 이웃에게 어떤 말을 했을지 생각해 봅시다.

마크 트웨인은 『톰 소여의 모험』, 『왕자와 거지』 등을 쓴 미국의 유명한 소설가입니다. 그는 청년 시절에 신문사 인쇄공으로 일하며 신문 기자 일을 배우고 유머•나 콩트•를 써서 신문에 싣기도 했습니다. 마크 트웨인은 유머를 매우 좋아하였고, 사람들 앞에서 말할 때 익살스러운 표현을 잘하기로도 이름난 사람입니다.

다음 두 이야기는 마크 트웨인이 익살스러운 표현을 얼마나 잘했는지 보여 주고 있습니다.

1 마크 트웨인이 어느 시골로 강연 갔을 때의 일입니다. 수염이 많이 자라 강연 전에 면도하려고 이발소에 들렀습니다.

2 마크 트웨인이 책을 빌리려고 이웃집에 갔습니다. 이웃 사람은 마크 트웨인에게 유머 섞인 말투로 말했습니다.

"빌려드리고 말고요. 얼마든지 보십시오. 그러나 한 가지 부탁드리고 싶은 것은 여기서 보시라는 겁니다. 절대로 책을 집 밖으로 내보내지 않기로 했거든요."

며칠 뒤, 그 이웃이 마크 트웨인에게 잔디 깎는 기계를 빌리러 왔다. 익살꾼 트웨인은 상냥하게 말했습니다.

• **유머**: 익살스럽게 웃음을 자아내는 표현 • **콩트**: 유머가 들어 있는 짧은 이야기

4 알맞은 낱말을 보기 에서 찾아 써 봅시다.

보기 손사래 천금

• 많은 돈이나 비싼 값:

• 어떤 말이 아니라는 뜻으로 손을 휘젓는 일:

5 다음 상황에서 친구에게 어떤 재치 있는 말을 할지 생각해 봅시다.

친구의 새 자전거를 타 보고 싶다.

친구에게 과자를 나누어 달라고 하고 싶다.

배움 다지기

• 인물이 어떤 말을 했을지 짐작해 보았나요?

8 그림을 읽어요

◆ 그림의 장면을 보고 느낌을 써 봅시다.

어떤 장면을 나타낸 것인지 생각하며 그림을 살펴봅시다.

타작

가을철 벼의 낟알을 떨어내는 타작의 모습을 정겹고 사실적으로 표현한 작품이에요. 그림 왼쪽 위를 보면 한 명이 지게에 볏단을 실어 나르고 있어요. 그렇게 가져온 볏단의 이삭을 네 명의 일꾼이 열심히 떨어내고 있어요.

일꾼들은 볏단을 높이 쳐들었다가 개상•에 힘껏 내리치면서 낟알을 떨어내지요. 한쪽에서는 떨어낸 낟알을 빗자루로 쓸어 모으고 있군요. 고된 일이지만 이들의 표정은 즐겁기만 해요. 한결같이 밝은 표정이지요. 수확하는 기쁨을 얼굴에 드러낸 것입니다.

등장인물들을 좀 더 자세히 살펴볼까요? 지게에 볏단을 싣고 오는 사람은 표정이 밝아요. 아주 잘 생겼지요. 볏단을 묶고 있는 두 사람은 표정이 매우 밝아요. 그런데 그 앞에서 등을 보이는 사람은 놀랍게도 버선을 신었네요. 벼 이삭의 까끌거리는 느낌을 없애려고 버선을 신은 것 같아요. 그리고 그림의 맨 왼쪽 아래, 비질하는 사람이 있지요. 이 그림 속에서 가장 나이가 많은 어른이에요. 일하는 것을 다소 힘겨워하는 것 같이 보이지요? 이 그림의 특징은 타작에 참여한 사람들의 표정과 분위기를 매우 사실적으로 드러냈다는 것이에요.

이번에는 그림의 오른쪽 위를 살펴볼까요? 그곳에는 갓을 쓴 사람이 자리를 깔아 놓고 앉아 타작하는 모습을 보고 있어요. 그런데 그 모습이 거드름을 피우는 것같이 보이네요. 갓을 삐뚤어지게 쓴 채 볏단을 베개 삼아 팔베개를 하고 비스듬히 누워 있어요. 왼쪽 다리를 오른쪽 다리 위에 올려놓고 입에는 긴 담뱃대를 물고 있고요. 자리 옆에는 술병도 하나 놓여 있네요. 농부들이 일을 잘하는지

감시하는 것 같아요.

그런데도 일꾼들의 표정은 기분 나쁘지 않아요. 그저 즐겁고 명랑하지요. 참 넉넉한 가을 풍경이에요. 농부들의 생명력 넘치는 일상을 따뜻한 눈으로 보았다고 할 수 있어요.

● **개상**: 곡식의 낟알을 떨어내는 데 쓰이는 옛날 농기구

1 「타작」을 읽고 물음에 답해 봅시다.

① 어떤 장면을 나타낸 그림인가요?

② 고된 일을 하는 농부들의 표정이 밝은 까닭은 무엇인가요?

③ 이 그림의 특징은 무엇이라고 했나요?

2 인물이 하는 일과 표정을 써 봅시다.

- 하는 일:
- 표정:

3 사진에 알맞은 낱말을 글에서 찾아 써 봅시다.

4 그림 속 인물들이 무슨 생각을 할지 써 봅시다.

5 그림 「타작」의 느낌을 써 봅시다.

6 그림 「서당」을 보고 어떤 장면인지, 어떤 느낌이 드는지 써 봅시다.

배움 다지기

- 그림을 보고 각 장면에서 떠올린 느낌을 썼나요?

9 어려움을 이겨 낸 사람들

◆ 글을 읽고 어려움을 이겨 낸 사람들을 생각해 봅시다.

차윤과 손강이 어떻게 가난을 이겨 내고 공부했는지 읽어 봅시다.

옛날 중국에 차윤과 손강이라는 사람이 있었습니다.

차윤은 공부를 매우 열심히 하였습니다. 그런데 집이 가난해 등불에 넣을 기름을 구할 수 없었습니다. 차윤은 여름철에 개똥벌레를 명주 주머니에 넣어 책에 비추어 등불처럼 사용하였습니다. 밤낮을 가리지 않고 책을 읽었습니다.

손강 역시 집이 가난해 등불을 켤 수 없었습니다. 손강은 겨울이 되면 쌓인 눈에서 반사되어 비치는 달빛으로 책을 읽었습니다.

스티븐 호킹

"엄마, 저 별 좀 보세요!"

새까만 밤하늘에 보석 같은 별이 금방이라도 쏟아질 것 같았어요. 스티븐은 하늘에 콕 박혀 있는 별에서 눈을 뗄 수 없었어요.

"스티븐, 이다음에 커서 뭐가 되고 싶니?"

엄마는 스티븐의 반짝이는 두 눈을 다정하게 들여다보았어요.

"저는 우주 과학자가 되고 싶어요. 하늘에서 일어나는 일이 매우 궁금하거든요!"

스티븐은 넓은 하늘을 상상만 해도 가슴이 콩닥콩닥 뛰었어요.

스티븐은 열일곱 살 때, 영국에서 이름난 옥스퍼드 대학교에 들어갔어요. 스티븐은 특히 과학과 수학에서 실력을 나타냈어요. 하루는 과학 선생님이 어려운 숙제를 냈어요.

"이 책에 나온 문제를 풀어 오게."

스티븐은 문제를 푸는 대신 그 책의 잘못된 곳마다 모두 빨간 표시를 했어요. 선생님은 스티븐이 가져온 책을 살펴보고 깜짝 놀랐어요. 스티븐이 선생님보다 훨씬 더 많은 것을 알고 있었기 때문이었어요.

어느 화창한 봄날, 스티븐은 친구들과 신나게 농구 시합을 했어요. 시합이 끝난 뒤에 스티븐은 신발 끈을 묶으려고 몸을 앞으로 숙였어요. 그때였어요.

"어! 신발 끈을 묶을 수가 없어."

스티븐은 손가락이 막대기처럼 뻣뻣하게

굳어지는 것을 느꼈어요.

"루게릭병• 입니다. 앞으로 2년밖에 살 수 없습니다."

의사 선생님은 떨리는 목소리로 말했습니다.

"앞으로 공부할 게 얼마나 많은데……."

스티븐은 너무도 괴로워 견딜 수가 없었어요.

스티븐의 병은 점점 더 심해졌어요. 그러던 어느 날, 스티븐은 계단에서 심하게 굴렀어요. 머릿속이 꽉 막힌 것처럼 아무 생각도 나지 않았어요. 스티븐은 무서움에 온몸을 벌벌 떨었어요. 친구들의 도움으로 치료를 하던 어느 날이었어요. 지능 검사를 받은 스티븐은 지능이 매우 높다는 것을 알게 되었어요.

"그래. 난 계속 공부할 수 있어!"

스티븐의 마음에 희망이 솟구쳤어요. 스티븐은 지팡이를 짚고 전보다 더 절뚝거렸지만 과학 공부에 온 노력을 기울였어요.

"우주의 신비를 꼭 밝히고야 말겠어."

케임브리지 대학교로 학교를 옮긴 스티븐은 데니스 시아마 교수님을 만났어요. 교수님은 스티븐을 다른 학생들과 똑같이 대했어요. 그리고 스티븐이 어려운 우주 공부를 계속할 수 있도록 열심히 도와주었어요. 시아마 교수의 도움으로 스티븐은 박사가 되기 위한 글을 쓰기 시작했어요.

'팽창하는 우주의 성질'

스티븐이 쓴 글의 제목이에요.

장애에도 불구하고 열심히 공부한 스티븐은 훗날 세계 최고의 우주 과학자가 되었어요. 바로 우리가 잘 알고 있는 스티븐 호킹 박사지요. 스티븐 호킹이 위대한 것은 천재라서가 아니라 장애를 극복하고 더 열심히 살았기 때문이에요. 그는 장애인뿐만 아니라 모두에게 희망과 용기를 주었어요.

• **루게릭병**: 근육 운동을 조절하는 신경이 약해져 몸을 움직이지 못하는 병

1 「스티븐 호킹」을 읽고 물음에 답해 봅시다.

① 스티븐 호킹의 꿈은 무엇이었나요?

② 스티븐 호킹이 괴로워 견딜 수 없었던 까닭은 무엇인가요?

③ 데니스 시아마 교수는 스티븐 호킹을 어떻게 대했나요?

2 스티븐 호킹이 위대한 사람으로 인정받는 두 가지 까닭을 써 봅시다.

3 보기 의 문장을 넣어 짧은 글을 써 봅시다.

보기 눈을 뗄 수 없었다.

4 스티븐 호킹에게 칭찬하는 편지를 써 봅시다.

5 장영실이 노비 신분을 어떻게 이겨 냈는지 생각하며 「장영실」을 읽어 봅시다.

장영실

장영실은 세종 대왕이 나라를 다스리던 때의 과학자이자 발명가였습니다. 그는 별의 움직임과 위치를 알 수 있는 '혼천의'를 만들고 우리나라 최초로 물시계인 '자격루'도 만들었습니다. 세종 대왕은 이런 장영실에게 큰 벼슬을 내렸습니다. 그런데 장영실의 원래 신분은 관아•의 노비였습니다.

장영실이 동래 지방 관아의 노비로 살 때였습니다. 가뭄이 심하게 들어 논바닥이 거북 등처럼 쩍쩍 갈라졌습니다. 농부들은 논바닥에 주저앉아 울고 있었습니다. 곰곰이 논둑을 걷던 장영실에게 번뜩이는 생각이 떠올랐습니다.

"제가 윗마을에 있는 저수지에서 논으로 물을 끌어오겠습니다. 물은 높은 곳에서 낮은 곳으로 흐릅니다. 저수지보다 낮게 도랑을 파서 아래로 흐르게 하면 됩니다."

사람들은 투덜거리며 몇 날 며칠 동안 도랑을 팠습니다. 드디어 마지막으로 장영실이 저수지의 둑을 텄습니다. 그러자 저수지의 물이 콸콸 흘러 논으로 들어갔습니다. 사람들은 덩실덩실 춤을 추었습니다.

사또는 장영실의 재주를 자세히 쓴 편지를 임금님께 올렸습니다. 임금님은 얼른 장영실을 만나고 싶었습니다. 그래서 장영실은 꿈도 꾸어 보지 못했던 한양으로 가게 되었습니다.

"네가 장영실이구나. 이제부터는 관아의 노비가 아니라 나라를 위해 일하거라."

임금님은 장영실에게 벼슬을 내렸습니다.

• 관아: 옛날에 고을을 다스리던 곳

배움 다지기

• 글을 읽고 인물들이 어려움을 어떻게 이겨 냈는지 알아냈나요?

10 건강에 좋은 음식

◆ 글을 읽고 새로 알게 된 사실을 정리해 봅시다.

음식을 만드는 재료를 알아보는 문제를 풀어 봅시다.

음식	무엇으로 만든 음식일까요?	
	두부	
	케첩	
	바게트	
	요구르트	
	동치미	

장 담그기

추수가 끝난 지 얼마 되지 않은 날이었어요. 지수는 할머니께서 부르신다는 말에 방을 나섰어요. 할머니 방에는 이미 어머니가 와 있었어요.

지수가 어머니 옆에 가까이 앉자 할머니께서 말씀하셨어요.

"지금부터 장을 만드는 법을 배우도록 하거라. 옛날부터 음식 맛은 장에서 난다고 한 것을 잘 알고 있겠지?"

지수가 "예." 하고 대답하자 할머니는 지수의 어머니를 쳐다보았어요.

"사흘 전에 삶아 두었던 콩은 어떻게 되었니?"

"예, 아주 잘 떴습니다."

'떴다'는 것은 콩이 잘 발효되었다는 것을 말해요. 어머니의 대답에 할머니는 고개를 끄떡였어요.

"그럼 지수를 데리고 메주를 만들도록 해라."

'메주'는 삶은 콩을 으깨어 동글거나 네모나게 만든 것이에요. 장을 담그려면 삶은 콩을 메주로 만들어 한 번 더 발효시켜야 하지요.

"지수야, 이 틀에 콩을 꾹꾹 눌러 담도록 해라."

어머니는 먼저 메주 만드는 틀에 삶은 콩을 꾹꾹 눌러 담기 시작했어요. 그것을 틀에서 떼어 내자 네모난 메주가 되었어요. 지수도 어머니를 따라 메주를 만들었어요. 어머니와 지수는 그렇게 만든 메주를 햇볕이 잘 드는 처마 밑에 매달았어요.

며칠이 지나자 메주가 딱딱하게 말랐어요. 그러자 어머니가 지수를 불렀어요.

"지수야, 이젠 메주를 띄우자."

지수는 어머니를 도와 메주를 건넌방으로 옮겼어요. '메주를 띄운다.'는 것은 메주를 잘 보관해 우리 몸에 좋은 곰팡이가 피게 만드는 것이에요. 곰팡이가 잘 피어야 장맛이 좋거든요. 그래서 바람이 잘 통해 메주 띄우기에 좋은 건넌방으로 메주를 옮긴 것이지요.

그렇게 겨울이 가고 봄이 시작될 무렵의 어느 날이었어요. 어머니는 지난여름에 사 둔 커다란 항아리에 물을 붓고 소금을 넣었어요. 그런 다음 그 항아리 속에 메주를 넣었지요. 그리고 옆에 있던 고추와 숯을 넣으며 이렇게 해야 장에 나쁜 귀신이 붙지 않는다는 말도 했지요. 귀신이 고추의 붉은 빛을 무서워한다나요? 또 귀신이 들어와도 숯의 구멍 속에 귀신을 가둔다고 했어요. 이렇게 장을 담그고, 어머니는 장독대에 금줄을 쳤어요. '금줄'은 새끼줄에 고추와 숯을 끼워 만든 줄이에요. 장독대에 금줄을 쳐서 나쁜 귀신이 오는 것을 이중으로 막는 것이지요.

"됐다. 이젠 45일 정도만 기다리면 다 끝나는구나."

장은 이렇게 가을부터 이듬해 봄까지 오랜 시간에 걸쳐 만들어요. 그런데 이게 끝이 아니지요. 지수 어머니의 말처럼 45일 정도가 더 지나야 완성되지요. 45일 정도가 지나 메주에서 영양소가 빠져나와 소금물이 까맣게 되면 그 물을 퍼내요. 그럼 항아리 속에 메주 찌꺼기만 남게 되는데 그게 바로 된장이에요. 그리고 퍼낸 까만 물을 달이면 간장이 되는 것이고요.

장을 만드는 데는 이렇게 오랜 시간과 정성이 들어갔어요. 사람들은 집안일 중에 장 만드는 것을 가장 중요한 일로 여겼지요. 왜냐고요? 우리나라 사람들한테 장은 가장 중요한 음식이기 때문이에요.

1 「장 담그기」를 읽고 물음에 답해 봅시다.

1. 장을 담그기 위해 삶은 콩을 발효시키는 방법은 무엇인가요?

2. '메주를 띄운다.'는 말의 뜻은 무엇인가요?

3. 사람들이 장을 만드는 일을 중요하게 여긴 까닭은 무엇인가요?

2 된장 만드는 방법을 정리하였습니다. 빈칸에 알맞은 내용을 써 봅시다.

콩 삶기 → ( ) → ( ) → ( ) → 45일 기다리기 → 완성

3 빈칸에 공통으로 들어갈 낱말을 글에서 찾아 써 봅시다.

- 형주는 시냇물에 종이배를 [ ][ ][ ].
- 할머니께서 청국장을 [ ][ ][ ].
- 아빠와 나는 풍선을 하늘 높이 [ ][ ][ ].

4 「장 담그기」에서 새로 알게 된 사실을 써 봅시다.

1. 된장은 콩으로 만든다.
2.
3.
4.
5.

5 「발효 식품」을 읽고 알게 된 사실을 정리하여 이야기해 봅시다.

발효 식품

세계적인 장수 마을의 특징 중 하나는 텃밭을 가꾸는 등 가벼운 일을 꾸준히 하며, 치즈나 요구르트 같은 발효 식품을 즐겨 먹는 것입니다.

발효 식품은 눈에 보이지 않는 미생물의 작용을 이용해 만든 음식입니다. 발효 식품은 맛이 좋고 저장하기에도 편합니다. 발효 식품에는 건강에 좋은 영양소가 많이 들어있습니다. 또한 소화가 잘되고 혈관을 튼튼하게 하며 암을 예방하는 데에도 효과가 있어 사람들이 즐겨 먹습니다.

우리나라의 발효 식품에는 된장, 김치, 청국장, 막걸리, 젓갈 등이 있습니다. 다른 나라의 발효 식품에는 일본의 낫토, 중국의 취두부, 유럽의 치즈와 요구르트 등이 있습니다. 일본의 낫토는 삶은 콩을 발효시켜 만든 음식으로 우리나라의 청국장과 비슷합니다. 냄새가 독특하고 집으면 실타래처럼 끈적끈적하게 늘어나는 것이 특징입니다. 중국의 취두부는 소금에 절인 두부를 발효시킨 식품으로 냄새는 역겨워도 맛은 고소하다고 합니다. 옛날 중국의 두부 장수가 곰팡이가 핀 썩은 두부를 소금물에 절였더니 푸르게 색이 변했고 맛이 특이해 취두부 간판을 걸고 팔았다고 합니다.

배움 다지기

- 글을 읽고 새로 알게 된 사실을 정리했나요?

11 가족 사랑 실천

◆ 글을 읽고 나의 생각을 펼쳐봅시다.

소라와 소희의 불만 목록을 읽고 서로의 생각을 비교해 봅시다.

불만 목록

이소라

1. 동생이 언니한테 까분다.
2. 동생이 내 물건을 함부로 만진다.
3. 동생은 맨날 아무것도 아닌 일도 엄마께 나를 일러바친다.
4. 엄마가 동생 편만 든다.
5. 엄마가 다른 애들 하고 비교한다.

불만 목록

이소희

1. 언니는 맨날 내 말을 안 들어 주고 저리 가라고만 한다.
2. 엄마가 같이 쓰라고 사 준 것도 언니는 자기 거라며 물건에 손도 못 대게 한다.
3. 언니는 내가 말을 걸어도 들은 척도 안 하고, 학교에서도 못 본 척한다.
4. 언니는 나보다 내 친구들한테 훨씬 더 친절하다.
5. 엄마는 내가 무슨 말을 하면 잘 믿지 않는다.

소라네 가족

"언니는 내가 말만 하면 신경질이야."

"소라는 내 말에 대꾸도 안 해."

엄마도 소희의 말에 거들었다.

"왜 다들 나한테만 뭐라 그래? 소희는 내 물건을 함부로 만지고, 엄마는 내가 이야기하려고 하면 바쁘니까 나중에 얘기하라고 하잖아?"

"듣고 보니 당신이 잘못했네. 소라가 열 받을 만해."

아빠가 내 편을 들며 말했다.

"당신도 문제가 많아. 대화가 없으니까 불만도 없어 보일 뿐이지!"

엄마가 쏘아붙이자 아빠가 머쓱한 표정을 지으며 말했다.

"좋아. 그럼 지금부터 대화를 잘하기 위해서 어떻게 하면 좋을지 이야기해 보자. 그리고 여기서 나온 방법을 규칙으로 정해서 앞으로 우리가 대화할 때 서로 지키는 걸로 하자."

돌이켜 보면 항상 남 탓만 했지 내 얘기를 잘 전달할 방법을 생각해 본 적이 없었다. 엄마랑 이야기할 때마다 제일 짜증 났던 것이 뭘까? 이렇게 스스로 질문을 던지자 번개같이 생각이 떠올랐다.

"엄마는 내가 말하고 있는데 중간에 끼어들어서 이야기하거든요. 그럴 때 얼마나……."

엄마가 내 말 중간에 또 끼어들었다.

"할 일도 많고 바쁜데 간단하게 말해야지. 이야기가 늘어지는데 어떻게 다 듣고 있니?"

"엄마 말도 맞네. 자기 할 일이 있거나 하면 다른 사람 이야기를 끝까지 듣기 힘들지."

아빠가 엄마 말에 맞장구를 쳤다. 아빠는 계속 이랬다저랬다 한다.

"그래서 끝까지 들어 주라는 거야, 말라는 거야?"

"글쎄, 어떻게 하면 좋을까?"

아빠가 오히려 물어봤다.

"그거야 뭐, 서로 대화할 수 있는 시간에 대화하면 되잖아?"

엄마가 말했다.

"서로 대화할 수 있는 시간인지 아닌지 어떻게 알 수 있어요?"

"그거야 물어보면 알지. 간단하네. 회사에서는 그렇게 하는데. '김 대리, 잠깐 시간 있어? 얘기 좀 할 수 있을까?' 이렇게 말이야. 그런데 집에서 식구들끼리는 그게 잘 안 돼. 다른 사람한테는 안 그러면서 가족이 말 걸면 귀찮아하고, 거꾸로 자기 말 잘 안 들어 주면 금방 토라지고."

듣고 보니 아빠 말이 맞다. 나는 친구가 이야기하면 들어 주려고 애쓴다. 하지만 세상에서 제일 가깝고, 사랑한다고 생각했던 우리 가족에게는 그러지 않았다. 다른 사람한테는 배려하면서 우리 가족한테는 나만 봐 달라고 했다.

"그래, 지금부터라도 서로를 배려하면서 대화를 잘하자고. 막연히 잘하려고 하면 안 될 수도 있으니까 일단 우리가 이야기한 걸 대화 규칙으로 만드는 건 어떨까?"

1 「소라네 가족」을 읽고 물음에 답해 봅시다.

① 소라는 엄마에게 어떤 불만이 있나요?

② 엄마는 언제 소라의 말을 끝까지 들어 줄 수 있다고 했나요?

③ 소라가 다른 사람들과는 달리 가족에게 잘하지 못한 것은 무엇인가요?

2 소라네 가족이 만들 '대화의 규칙'은 무엇일지 써 봅시다.

대화의 규칙

1.

2.

3.

3 문장에 알맞은 낱말에 ○표를 해 봅시다.

- 동생은 내가 말할 때마다 (대꾸를, 대접을) 한다.
- 내가 무슨 말을 하면 별것도 아닌 일로 (끼어든다, 토라진다).

4 '화목한 가족이 되자'라는 제목으로 나의 생각을 펼쳐 봅시다.

화목한 가족이 되자

5 「가족 사랑은 이렇게 실천하세요」를 읽고 가족 사랑 실천 약속 광고를 만들어 봅시다.

가족 사랑은 이렇게 실천하세요

우리 가족은

1. 매일 30분 이상 대화, 산책, 놀이 등 가족과 함께하는 시간을 가져요.
2. 매주 2회 이상 가족과 저녁 식사를 함께해요.
3. 매월 1일 이상 가족과 함께 데이트를 해요.
4. 매주 1회 이상 떨어져 사시는 할머니 할아버지께 안부 전화를 드려요.

! Tip **매주 수요일은 '가족 사랑의 날'~!**

'가족 사랑의 날'은 매주 수요일을 가족과 함께 보내도록 하자는 뜻에서 여성 가족부에서 추진하고 있는 캠페인이에요. 직장에 다니는 엄마 아빠가 수요일에는 제 시간에 퇴근해 아이들과 함께 시간을 보낼 수 있도록 장려하는 제도예요.

'가족 사랑 실천 약속' 광고

배움 다지기

- 글을 읽고 나의 생각을 펼쳐 보았나요?

12 로봇과 미래

◆ 로봇에 대한 생각을 써 봅시다.

로봇이 사람을 위해 어떠한 일을 하는지 생각해 봅시다.

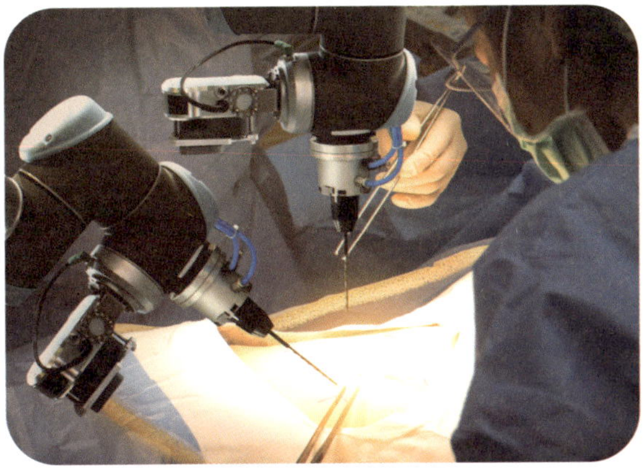

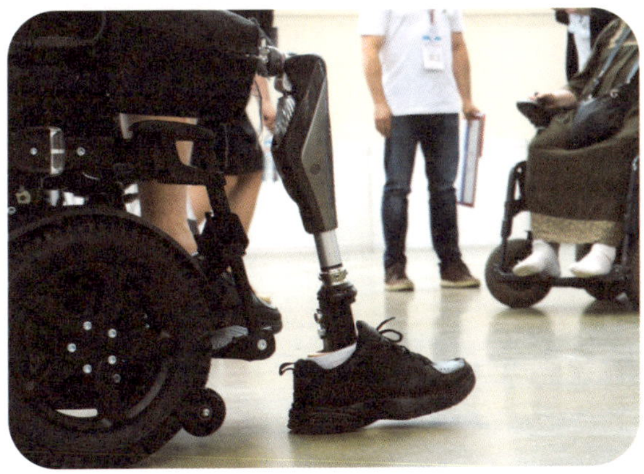

로봇 덕분에 인간은 더 편해졌어요

도깨비 깨몽이와 뽀꾸가 동시에 소리 난 쪽을 돌아봤어요.

그곳에는 모내기 씨앗, 딸기, 토마토 같은 농산물이 쌓여 있었고 그 앞에 여러 로봇이 모여 있었어요. 어떤 로봇의 몸체에는 흙도 묻어 있었어요.

"너희는 뭐냐? 왜 무섭게 떼로 모여 있어? 합치면 변신도 되는 뭐 그런 로봇들이냐?"

"흥, 우습게 보지 말라고! 우린 농업 로봇이야."

"농업 로봇이고 뭐고 내 얼굴에 토마토 던진 게 누구야?"

뽀꾸가 외치며 농업 로봇들을 살펴봤어요.

로봇들의 몸체에는 보기만 해도 날카로운 장치들이 많이 달려 있었어요. 그걸 본 뽀꾸는 금세 움츠러들며 조심스럽게 다시 물었어요.

"저기……. 너희는…… 왜 무섭게 흉기를 가지고 다녀?"

"이건 흉기가 아냐! 나는 농업용 로봇 중 하나인 접목 로봇이야."

"접목이 뭐야?"

호기심 많은 깨몽이가 앞으로 나서며 물었어요. 뽀꾸는 깨몽이 뒤로 재빨리 숨었지요.

“접목은 더 많은 수확을 하기 위해서 뿌리가 튼튼한 종에 수확이 많이 생기는 다른 종을 붙이는 일이야.”

“그 일을 왜 너희가 하는데?”

“접목을 하려면 오랫동안 기술을 갈고 닦아야 해. 그런데 그런 기술을 가진 사람이 생각보다 많지 않아. 있다고 해도 하루에 할 수 있는 일의 양이 적어. 그래서 내가 대신해 주지. 수박이나 오이, 토마토, 고추 등의 농작물을 선택하고 스위치 조작만 해 주면 그 작물의 크기와 특징에 맞게 알아서 움직이거든. 나는 자동으로 자르고 붙이는 일을 반복해서 접목을 완벽히 끝내지.”

“근데 네 뒤에 바퀴 달린 저 커다란 건 로봇이야, 자동차야?”

“모내기 로봇이야. 사람이 없이도 씨 뿌리기 등을 할 수 있어. 그 뒤에 있는 제초 로봇도 작물 성장에 방해되는 잡초를 베는 데 아주 효과적이야. 토마토나 딸기 같은 채소나 과일을 망가뜨리지 않고 따 주는 수확 로봇도 있어.”

뽀꾸가 깨몽이 뒤에서 머리만 내밀고 외쳤어요.

"나한테 토마토를 던진 게 수확 로봇이구나! 너, 거기 가만히 있어!"

수확 로봇은 뽀꾸의 말은 못 들은 척 기계 팔을 끼이익 움직여서 토마토 하나를 다시 집어 들었어요. 뽀꾸는 침을 꿀꺽 삼키며 더듬거렸어요.

"아, 아니, 너무 잘 던지는 것 같아서. 투수를 하면 잘 어울릴 거야."

"투수는 내가 해야지!"

반대편에서 거친 쇳소리가 들려왔어요. 도깨비들이 돌아보니 몸체에 비해 아주 커다란 기계 팔을 가진 로봇이 보였어요.

“너는 또 무슨 로봇이야?”

“난 공업 로봇이야. 20년 전까지만 해도 인간에게 도움이 되는 실용적인 로봇이라면 모두 우리 산업용 로봇을 최고로 꼽았다는 사실을 알고 있니?”

“도깨비 세계에서는 처음 듣는 소리인걸?”

“사람들은 힘든 일을 대신해 줄 로봇을 원했어. 바로 우리 산업용 로봇처럼 말이야. 커다란 로봇 팔 보이지?”

“너희는 무슨 일을 하는데?”

“우리는 주로 물건을 만들어 내는 공장에서 일하지. 각종 공장에서 부품을 조립하고, 금속을 자르거나 아니면 다시 붙이는 일을 하고 있어. 자동차 생산 공장 같은 곳 말이야.”

공업 로봇은 우쭐거리며 이야기했어요.

1 「로봇 덕분에 인간은 더 편해졌어요」를 읽고 물음에 답해 봅시다.

① 농작물을 자르고 붙이는 일을 하는 로봇은 무엇인가요?

② 뽀꾸가 수확 로봇에게 야구를 해 보라고 한 까닭은 무엇인가요?

③ 공업 로봇이 하는 일은 무엇인가요?

2 농업 로봇과 공업 로봇이 우리에게 어떤 도움을 주는지 써 봅시다.

농업 로봇

공업 로봇

3 뜻에 알맞은 낱말을 보기 에서 찾아 써 봅시다.

보기 장치 흉기 부품

- [ ] : 사람을 위협하기 위하여 사용하는 갖가지 도구
- [ ] : 기계나 설비 따위를 달아서 붙이거나 갖춤.
- [ ] : 기계나 제품 등을 이루는 개별적인 부분의 물품

4 로봇에 대한 사람들의 의견을 읽고 나의 생각을 까닭과 함께 써 봅시다.

로봇은 인간에게 도움을 주므로 반드시 필요하다.	언젠가는 로봇이 인간을 지배하는 세상이 올 수도 있다.

- 생각:

- 까닭:

5 로봇에 대한 사람들의 다른 생각은 무엇인지 살펴보며 「로봇이 나오는 영화」를 읽어 봅시다.

로봇이 나오는 영화

로봇은 인간의 편의를 위해 탄생했다. 하지만 로봇 기술이 놀라운 속도로 발전하자 오히려 인간에게 위협이 되지 않을까 걱정하는 사람이 늘어나고 있다.

바로 그런 미래의 로봇 사회에 대한 걱정이나 두려움이 영화로 만들어지기도 한다. 영화 「아이, 로봇」은 로봇의 3대 법칙을 만든 아이작 아시모프의 소설을 원작으로 만든 작품이다. 2035년에 로봇들이 인간 사회에 반란을 일으키는 내용을 담고 있다.

이런 영화 속의 상황이 실제로 가능해질까? 다행히도 당분간은 걱정할 필요가 없을 것 같다. 영화 속 일들이 일어나려면 먼저 로봇이 감정이 있어야 할 뿐만 아니라 사람과도 감정을 나눌 수 있어야 한다. 또한 사람과 감정을 나누기 위해서는 사람에 대한 모든 정보를 바로 접할 수 있어야 한다. 인간 사회에 맞서 반란을 일으키려면 로봇은 스스로 결정을 내릴 수 있어야 한다.

또한 다른 로봇들을 설득하고 지도자를 내세울 수도 있어야 한다. 만에 하나 무선 네트워크를 이용해 수많은 로봇을 동시에 움직일 수 있다고 해도 그건 단순한 조종일 뿐이다. 인간과 비슷한 수준의 감정과 지능을 가진 로봇을 만드는 일은 아직까지는 먼 이야기라고 할 수 있다.

배움 다지기

- 글을 읽고 나의 생각을 썼나요?

자료 출처

참고 자료

8쪽 발데마르 본젤스, 『꿀벌 마야의 모험(독일동화)』, 비룡소, 2009.
14쪽 스쿨잼, 『왕벌의 비행』, 스쿨잼 네이버 블로그, 2019.
16쪽 유다정, 『세계와 반갑다고 안녕』, 스콜라, 2014.
22쪽 천재교육편집부, 「세계의 축제」.
23쪽 이종택, 『누가 그랬을까?』, 창비, 1991.
24쪽 김은영, 『아니, 방귀뽕나무』, 사계절, 2015.
25쪽 임길택, 『할아버지 요강』, 보리, 1995.
30쪽 김민서, 『냄새 값, 소리 값』, 한국톨스토이, 2016.
33쪽 차보금, 『지혜로운 아들』, 한국톨스토이, 2016.
35쪽 한국소비자원, 「2018년 어린이 안전사고 동향 분석」, 2019.
36쪽 소년조선일보, 「어린이 보행 중 교통 사망사고 10건 중 8건, 집 근처서 발생」, 2019.
37쪽 소년조선일보, 「학교 안전사고 예방법」, 2015.
40쪽 신형건, 『거인들이 사는 나라』, 푸른책들, 2015.
42쪽 라이먼 프랭크 바움, 『오즈의 마법사』, 보물창고/푸른책들, 2013.
48쪽 조너선 스위프트, 『걸리버 여행기』, 두산동아, 2001.
50, 51쪽 서거정, 『태평한화골계전』, 지식을 만드는 지식, 2011.
56쪽 이광표, 『역사와 미술이 재밌어지는 이홍도 갤러리』, 그린북, 2012.
62, 66쪽 우현옥, 『다빈치 테마 위인 동화』, 유한미디어, 2012.
68쪽 우리누리, 『신토불이 우리 음식』, 주니어 랜덤, 2005.
74쪽 김주희, 『먹통 가족의 소통 캠프』, 길벗스쿨, 2012.
78쪽 여성가족부, 「가족사랑 실천수칙」.
80, 86쪽 김진욱, 『함께 사는 로봇』, 과학동아북스, 2012.

이미지 출처

셔터스톡 https://www.shutterstock.com/ 14쪽(립스키코르사코프), 59쪽(벼 이삭, 볏단), 62쪽(스티븐 호킹), 67쪽(두부, 케첩, 바게트, 요구르트, 동치미), 72쪽(치즈), 79쪽(로봇 수술, 로봇 개, 로봇 안내, 로봇 장애인, 로봇 청소, 로봇 제조), 84쪽(농업 로봇, 공업 로봇)
간송미술관 http://kansong.org/museum/ 55쪽(김득신 「야묘도추」)
한국콘텐츠진흥원 문화콘텐츠닷컴 http://www.culturecontent.com 57쪽(김홍도 「타작」), 60쪽 (김홍도 「서당」)
서울역사박물관 https://museum.seoul.go.kr/ 59쪽(타래버선)

| 연구진 |

이창송(성남미금초등학교) 이희연(경기 나산초등학교) 전택수(전 서울중곡초등학교)

| 집필진 |

이영완 현) 서울용암초등학교 교감*
서울교육대학교 초등교육과 졸업(학사)
경희대학교 교육대학원 교육학과 국어교육학 졸업(석사)

이소리 현) 서울특별시교육청 장학사
대구교육대학교 교육학과 졸업(학사)
한국교원대학교 교육대학원 공통과학교육학과 졸업(석사)
한국교원대학교 대학원 공통과학교육학과 졸업(박사)

서현정 현) 서울가산초등학교 교사
서울교육대학교 초등교육과 졸업(학사)

황시우 현) 경기 나산초등학교 교사
경인교육대학교 윤리교육과 졸업(학사)
경인교육대학교 교육대학원 초등체육교육학 졸업(석사)

이준복 현) 경기 해밀초등학교 교감
청주교육대학교 실과교육과 졸업(학사)

김은경 현) 경기 중일초등학교 교사
청주교육대학교 수학교육과 졸업(학사)
아주대학교 교육대학원 교육행정학 졸업(석사)

권희은 현) 서울신석초등학교 교감
서울교육대학교 초등교육과 졸업(학사)
서울교육대학교 교육대학원 초등과학교육학 졸업(석사)

박주현 현) 서울서원초등학교 교사
서울교육대학교 초등교육과 졸업(학사)
서울교육대학교 교육대학원 초등국어교육학 졸업(석사)

임미영 현) 서울대방초등학교 교사
경인교육대학교 영어교육과 졸업(학사)

고은미 현) 경기 용인백현초등학교 교사
서울교육대학교 초등교육과 졸업(학사)

차숙희 현) 경기 다원초등학교 교사
중앙대학교 영어영문학 졸업(학사)
한국교원대학교 초등교육과 졸업(학사)

김수주 현) 용인이동초등학교 교사
청주교육대학교 국어교육과 졸업(학사)
단국대학교 교육대학원 상담심리학 졸업(석사)

*표시는 집필 책임자임.

| 경기도교육청인정도서심의회 위원 |

황인표(춘천교육대학교)* 이병희(샘모루초등학교) 류영우(성라초등학교) 이병달(금릉초등학교) 박신정(안양중앙초등학교)
김훈경(파주교육지원청) 김재란(자유초등학교) 이상숙(곡란초등학교) 박양희(연현중학교)

*표시는 심의회 위원장임.

| 감수진 |

김연희(용천초등학교) 김재환(옥길버들초등학교) 김지용(나산초등학교) 백승이(정평초등학교) 이도섭(상탑초등학교)
임경태(이매초등학교) 정갑수(곡정초등학교) 조성애(성남미금초등학교) 주원형(나룰초등학교)

개발 책임 이경자 **편집** 박선영, 한석란 **디자인** 오선아
표지 삽화 이채은혜 **내지 삽화** 김이주, 윤의석, 이은교, 이은주, 전진희

교육부의 위임을 받아 경기도교육청에서 2021년 1월 14일 인정 승인을 하였음.

초등학교 　　　　초등 논술 3

2022. 3. 1. 초판 1쇄 발행 / 2024. 3. 1. 초판 4쇄 발행 　　**정가** 5,700원

지은이 이영완 외 11인

발행인 (주)아침나라 / 경기도 파주시 문발로 214-12 3층

인쇄인 영프린팅 / 경기도 고양시 일산동구 장대길 106-35

이 교과서의 본문 용지는 우수 재활용 제품 인증을 받은 재활용 종이를 사용했습니다.

교과서에 대한 문의 사항이나 의견이 있는 분은 교육부와 한국교과서연구재단이 운영하는 교과서민원바로처리센터
(전화: 1566-8572, 웹사이트: http://www.textbook114.com 또는 http://www.교과서114.com)에 문의하여 주시기 바랍니다.

이 도서에 게재된 저작물에 대한 보상금은 문화체육관광부장관이 정하는 기준에 따라
사단법인 한국문학예술저작권협회(02-2608-2800, www.kolaa.kr)에서 저작재산권자에게 지급합니다.

내용 관련 문의 (주)아침나라 교과서 개발부 **전화** (031) 955-6333 **전송** (031) 955-6335
공급 업무 대행 (사)한국교과서협회 (10881) 경기도 파주시 문발로 439-1
개별 구입 문의 홈페이지 주소 www.ktbook.com 031-956-8581~4 (사)한국교과서협회
ISBN 978-89-5587-240-8